EXPLICANDO Gracia
¿Favor inmerecido, fuerza irresistible o perdón incondicional?

DAVID PAWSON

ANCHOR RECORDINGS

Copyright ©2018 David Pawson

El derecho de David Pawson a ser identificado como el autor de esta obra ha sido afirmado por él de acuerdo con la Ley de Copyright, Diseños y Patentes de 1988.

Traducido por Alejandro Field

Esta traducción internacional español se publica por primera vez en Gran Bretaña en 2018 por
Anchor Recordings Ltd
DPTT, Synegis House, 21 Crockhamwell Road,
Woodley, Reading RG5 3LE

Ninguna parte de esta publicación podrá ser reproducida o transmitida de ninguna forma o por ningún medio, electrónico o mecánico, incluyendo fotocopia, grabación o ningún sistema de almacenamiento o recuperación de información, sin el permiso previo por escrito del editor.

Si desea más de las enseñanzas de David Pawson, incluyendo DVD y CD, vaya a
www.davidpawson.com

PARA DESCARGAS GRATUITAS
www.davidpawson.org

Si desea más información, envíe un e-mail a
info@davidpawsonministry.com

ISBN 978-1-911173-52-6

Índice

Introducción   7

1. ¿Favor inmerecido?   9

2. ¿Fuerza irresistible?   15

3. ¿Perdón incondicional?   27

Conclusión   33

Este libro está basado en una serie de charlas. Al tener su origen en la palabra hablada, muchos lectores encontrarán que su estilo es algo diferente de mi estilo habitual de escritura. Es de esperar que esto no afecte la sustancia de la enseñanza bíblica que se encuentra aquí.

Como siempre, pido al lector que compare todo lo que digo o escribo con lo que está escrito en la Biblia y, si encuentra en cualquier punto un conflicto, que siempre confíe en la clara enseñanza de las escrituras.

David Pawson

INTRODUCCIÓN

Hay tres formas diferentes de entender la gracia que se han generalizado en la iglesia hoy. Creo que una de ellas es la verdad, pero creo que las otras dos son errores que están confundiendo a las personas. Le daré los tres puntos de vista de inmediato y luego pensaremos en cada uno. La primera forma de entender la gracia es como un *favor inmerecido*. Creo que ese es el concepto bíblico. La segunda idea es que la gracia es una *fuerza irresistible*: Dios usa la gracia para forzar a una persona, contra su voluntad, a ser parte de su familia. La tercera idea de la gracia es que es un *perdón incondicional*. A mi entender, estas dos últimas son interpretaciones erróneas de la gracia bíblica. Es interesante que, cuando estuve en Yakarta, Indonesia, en 2013, encontré que la principal equivocación parece ser la del medio: la gracia es una fuerza irresistible. En Singapur, la tercera idea parece ser el principal problema: la gracia como perdón incondicional.

1

¿FAVOR INMERECIDO?

Comencemos por el concepto bíblico. "Gracia" es una palabra hermosa, pero en inglés-español tiene demasiados significados. Les daré uno risueño enseguida. Nací en el condado de Northumberland, Inglaterra. Frente a la costa están las islas Farne. Alrededor de esas islas hay una gran cantidad de rocas muy peligrosas. Se ha construido un faro muy famoso para advertir a los barcos sobre este peligro. Al final del siglo XIX un farero de apellido Darling tenía una hija de unos veinte años de edad llamada Grace (Gracia). Pasó a ser una de las mujeres más famosas de Gran Bretaña en la era victoriana porque, mirando por la ventana del faro un día, vio a un barco de vapor que había encallado en las rocas y se estaba haciendo pedazos. Algunos tripulantes habían logrado treparse a una roca. La tormenta era muy grande y había olas enormes rompiendo contra las rocas. La joven persuadió a su padre para que saque un bote y ambos remaron media milla hacia el naufragio, salvando la vida de los que estaban en la roca. Los titulares de los diarios de todo el país decían "Salvados por Gracia", y se referían a Gracia Darling, que se convirtió en una especie de símbolo para todo nuestro país en ese tiempo.

Voy a referirme al hecho de ser "salvados por gracia", ¡pero no por Gracia Darling! Usamos la palabra en inglés-español para muchas otras cosas. La usamos para bailarines de ballet, y decimos que "tienen mucha gracia", indicando que se mueven con belleza. Luego, si debemos dinero y no podemos pagarlo para la fecha que corresponde, podemos pedir siete días de gracia, indicando que queremos más tiempo para pagarlo. O, si tenemos que terminar una tarea y no lo hemos hecho dentro del plazo acordado, decimos: "Por favor, dame un período de gracia", indicando un tiempo adicional para completar la tarea. De modo que la usamos para muchos significados diferentes. La usamos incluso para una calidad agradable o redentora en una persona que no es demasiado atractiva. Decimos: "Ésa es su gracia redentora". Pero esos significados del uso de la palabra "gracia" en inglés-español no son de mucha ayuda.

Estos son los diferentes significados que han sido vertidos en esta palabra, pero nosotros queremos el significado bíblico. "Gracia" es una palabra hermosa, que aparece veinte veces en el Nuevo Testamento. De esas menciones, dieciséis son de San Pablo, así que sabemos que es una palabra que tenía un significado especial para él. Sus escritos nos muestran el pleno sabor de la palabra. Por lo general, los cristianos evangélicos construyen su evangelio principalmente sobre la enseñanza de Pablo. Por lo tanto, "gracia" es una palabra que usan muy a menudo. Solo aparece una vez en el Evangelio de Lucas, hablando de Jesús como niño: "la gracia de Dios lo acompañaba". Por lo general es usada acerca de Dios el Padre, el Dios de gracia y, más frecuentemente, acerca de la gracia de nuestro Señor Jesucristo. En ocasiones, el Espíritu Santo es llamado el Espíritu de gracia. Pero casi todos los usos de Pablo de esta palabra se aplican a la segunda persona de la Trinidad: la gracia de nuestro Señor Jesucristo.

En la Biblia no existe la gracia que no esté *encarnada en una persona*. Uno no puede señalar algo simplemente y decir "eso es gracia", así como no existe una "cosa" llamada amor; solo podemos encontrarlo en *personas*. La gracia existe claramente en cada una de las tres personas de la Trinidad. No es usada como adjetivo (agraciado, con gracia) en la Biblia. Siempre es usada como sustantivo. Recuerde que no existe por sí sola. Cuando uno canta un himno como *Sublime gracia*, suena como si fuera una cosa aparte que hace todas esas cosas por nosotros, pero no lo es. Subrayo este punto: *la gracia no existe aparte de las personas, y existe en forma suprema en nuestro Señor Jesucristo.*

¿Qué significa? ¿Por qué la usamos con relación a Jesús principalmente? Hay un uso secular del término que nos da una pista. En Inglaterra, la Corona británica es dueña de varias propiedades, algunas de las cuales son cedidas sin pago de alquiler a miembros de la familia real y amigos de la reina. Estos hogares son llamados residencias de "gracia y favor". Ése es un uso correcto de la palabra "gracia". Está relacionada muy estrechamente con la palabra "regalo", y se refiere a algo dado en forma gratuita. Una residencia de gracia y favor es una casa cedida sin pago de alquiler a alguien, un regalo del monarca. Ése es el verdadero significado. Es un favor hecho a otra persona como obsequio.

Pero debemos ir más lejos. Contiene otras clases de sabores que le dan vida. El mayor sabor de la palabra "gracia" es que es *un regalo gratuito dado a personas que no lo merecen*. En un sentido, quienes obtienen una residencia de gracia y favor de la reina podrían merecerla porque son sus parientes o se han hecho buenos amigos, y ésta es su recompensa. Pero la gracia no es una recompensa; es completamente diferente de un salario que uno ha ganado. Nadie puede ganar la gracia; nadie puede merecerla.

Pero es aún más asombroso. *La gracia no solo es ofrecida a personas que no la merecen, sino que es ofrecida a personas que han hecho todo para no merecerla*. La gracia de nuestro Señor Jesucristo es ofrecida a quienes son sus enemigos. Fue mientras éramos sus enemigos que Cristo murió por nosotros. No solo no la hemos ganado; en realidad, habíamos hecho todo para no merecerla. Es dada a las peores personas. Eso es gracia. Da a la gracia de nuestro Señor Jesucristo un sabor único. Nunca ha habido alguien como él que haya dado tanto a las peores personas, que han hecho todo para no merecerlo. Por lo tanto, él es el supremo ejemplo de gracia y favor, y el suyo es un favor inmerecido. Ésa es la esencia de esta hermosa palabra, "gracia".

Incluye un sabor adicional: toma la iniciativa, crea una relación y da el primer paso para crear esa relación. La gracia toma la iniciativa porque Dios nos amó antes que lo hubiéramos amado a él, y Cristo murió por nosotros antes que hayamos siquiera sentido la necesidad de que alguien lo hiciera. Eso es gracia. Se convirtió en una bendición en la iglesia primitiva —"El amor de Dios, la gracia de nuestro Señor Jesús y la comunión del Espíritu…"—, y sigue siendo usado en muchas iglesias de esta forma. ¡Qué bendición es conocer el amor de Dios, la gracia de nuestro Señor Jesús y la comunión del Espíritu Santo! Es la vida más bendecida que uno puede tener.

¿Cuál es la respuesta apropiada a la gracia? La respuesta correcta es gratitud, agradecimiento. Es interesante que las palabras "gracia" y "gratitud" están relacionadas. Otra palabra relacionada es "gratificación". Cuando uno paga a un taxista o un camarero que lo ha servido, a veces agrega una propina, o gratificación, que es una dádiva. Muy ocasionalmente, aun en la Biblia, la palabra "gracia" es aplicada a seres humanos que muestran gratitud por la gracia que han recibido. Lo mismo ocurre en el idioma griego. La palabra "gracia" en griego es *charis*. Estoy seguro que habrá escuchado el término "carismático", que está basada en la palabra griega *charismata*, que se refiere a los dones del Espíritu. La palabra griega para decir "gracias" es *eucharisteo*, lo cual ha llevado a muchas iglesias a llamar a su celebración de la Cena del

Señor "eucaristía", un "gracias" enorme a Dios el Padre por enviar a Jesús para morir por nosotros. A veces lo dicen, y a veces lo cantan. Lo vemos en las carteleras de algunas iglesias: "Eucaristía cantada, 11 hs, domingo a la mañana".

De modo que la respuesta apropiada a la gracia es gratitud. La palabra "gracia" es aplicada raramente a los seres humanos pero, cuando ocurre, significa una persona muy agradecida que desborda en gratitud a Dios por la gracia de su Hijo.

¿Por qué hizo tanto énfasis Pablo en sus cartas en la palabra "gracia"? Porque si alguna vez hubo un ejemplo de gracia, fue él. Cuando nos encontramos con Pablo por primera vez en la Biblia, estaba dedicado a matar cristianos. Se había convertido en un misionero anticristiano. Había dejado la tierra de Israel para perseguir a cristianos de otras partes. Cuando salió de su propia tierra para encarcelar a los cristianos de Damasco, para detener sus actividades, se encontró con Jesús, que le dijo: "Saulo, Saulo, ¿por qué me persigues?". Pablo podría haber dicho: "No te estoy persiguiendo a ti, Jesús. Estoy persiguiendo a tus seguidores". Pero aprendió pronto que todo lo que uno haga al menor de los hermanos de Jesús se lo hace a él.

Ahí nació su entendimiento de los cristianos como el Cuerpo de Cristo. Fue transformado. Jesús le dijo que debía ir a los gentiles. Pero debía llevarles la buena noticia, el evangelio de Dios, no sus propias ideas. Es asombroso cómo este misionero anticristiano se convirtió en el más grande misionero a los gentiles que ha habido jamás. Nosotros aún edificamos nuestra fe sobre su enseñanza.

Fue un gran ejemplo de gracia. No fue uno de los doce apóstoles. Nació fuera del tiempo debido, el último de ellos, el número trece. Pero Dios lo incluyó. ¡Qué gracia Dios le había mostrado, completamente inmerecida! Yo creo que ésta es la razón por la que Pablo usa esa palabra más que cualquier otra persona en toda la Biblia: *charis*, gracia.

2

¿FUERZA IRRESISTIBLE?

Habiendo dicho esto, debo decirle con tristeza ahora que la palabra "gracia" ha sido terriblemente malinterpretada y, por lo tanto, ha sido mal aplicada en las iglesias de todo el mundo, aun hasta el día de hoy. Así que permítame pasar al aspecto más negativo de la tarea de un maestro. El primer significado no bíblico que se da a veces a la gracia es que es una *fuerza irresistible*. Esto tiene una larga historia. Se remonta a Agustín, que fue obispo de un pueblo llamado Hipona, en el norte de África, en el siglo V. Tal vez lo hayan oído bajo el nombre de San Agustín, porque fue canonizado por la Iglesia Romana. Habrá escuchado de sus *Confesiones*, que es uno de los primeros y más asombrosos testimonios que tenemos. Pero su enseñanza hizo mucho daño a la iglesia (tanto protestante como católica), ha tenido una tremenda influencia en la historia de la iglesia y sigue afectándola hoy.

Agustín venía de un trasfondo pagano, y había sido criado dentro de una filosofía pagana. Luego fue a escuchar a un predicador en Milán, llamado Ambrosio, y se entregó a Cristo. Pero la verdadera conversión tuvo lugar mientras estaba en un jardín, leyendo la carta de Pablo a los Romanos. Había sido un muchacho bastante malo. Ya tenía una amante y un hijo ilegítimo, y había tenido sus andanzas. Lo reconoce en sus *Confesiones*. Luego que se entregó a Cristo, dijo que solo podemos encontrar descanso cuando lo encontramos a él, con su frase famosa que fue su oración: "Nuestro corazón está inquieto hasta que no descanse en ti". Dejó a su amante y se encargó de la mantención de su hijo. En sus primeros años de ministerio todo anduvo bien. Me apasiona leer lo que escribió. Era buen material, y era lo que los otros Padres de la Iglesia habían predicado.

Luego, en la mitad de su vida, su anterior postura filosófica comenzó a infiltrarse en su enseñanza y a cambiarla. En los primeros años había enseñado y había creído firmemente que Jesús volvería a gobernar en la tierra. Pero en sus años posteriores no lo podía aceptar. Era demasiado físico, demasiado terrenal. Comenzó a reaccionar contra su vida sexual inmoral anterior. En última instancia se lo debemos a él que toda una iglesia creyó que sus clérigos debían ser célibes. Incluso enseñó más adelante que el sexo dentro del matrimonio es pecaminoso, lo que él llamaba "concupiscencia". Todo esto me resulta muy triste, porque las personas que lo veneraban como un Padre de la Iglesia siguieron su enseñanza a pies juntillas.

Una de las cosas que comenzó a enseñar es que es legítimo usar la fuerza para convertir a las personas en cristianas. Lo basó en un texto en la parábola de la fiesta de bodas, donde el dueño de la fiesta dijo: "Ve a los caminos y las veredas, y *oblígalos* a entrar para que llene mi casa". No es una buena traducción; la palabra significa, en realidad, *persuádelos*. Pero él lo tomó de manera muy literal: obligarlos, hacer que entren, forzarlos a entrar. La gracia, entonces, es considerada como la fuerza que Dios usó contra nuestra voluntad para establecer su reino en la tierra.

Jesús no permitió que sus siervos lucharan; no debían usar la fuerza para difundir la fe. Pero hubo cosas como la Inquisición española, que torturó a las personas hasta que aceptaran a Jesús, especialmente judíos. De la enseñanza de Agustín surgieron, con el tiempo, las Cruzadas, donde los soldados partieron hacia Jerusalén para liberar a los sitios de peregrinación de Tierra Santa del invasor musulmán, matando a judíos en el camino.

Hubo muchas cosas que siguieron como consecuencia de esa enseñanza acerca de la gracia como una fuerza irresistible. No fue el nombre que Agustín le dio, en realidad. Eso vino algo más tarde, de los reformadores protestantes. Pido perdón por toda esta historia, pero creo que necesita conocerla para entender lo que está ocurriendo. Más tarde, en el siglo XVI, los reformadores protestantes se alimentaron de la enseñanza de Agustín, incluyendo sus últimas ideas. Martín Lutero era un monje agustino y, por lo tanto, estaba empapado de Agustín. En Ginebra, Calvino escribió dos enormes volúmenes titulados *Instituciones de la Religión Cristiana*. Son prácticamente la enseñanza de Agustín actualizada. En consecuencia, los reformadores protestantes fueron influidos directamente por el concepto que tenía Agustín de la gracia.

Hoy culpamos a Calvino más de lo que deberíamos por difundir esa idea entre las iglesias. Lo que ocurrió fue que Calvino siguió a Agustín en muchos aspectos, pero cuando murió fue seguido por su sucesor en Ginebra, Teodoro de Beza, que llevó la enseñanza de Calvino a un extremo, enseñando el ultracalvinismo. Fue una influencia clave en Holanda, que pasó a ser dominada por la Iglesia Reformada Holandesa, que es sólidamente calvinista y, por lo tanto, agustiniana, al igual que esta enseñanza de la gracia. Lo que Beza enseñaba es lo que llamamos generalmente calvinismo. Creo que es algo injusto para con Calvino.

Ahora quiero hablarles acerca de un holandés llamado Jakob Hermanszoon. Mientras estaba en la universidad, los católicos romanos mataron a sus padres. Forma parte de la historia de Holanda; fue una lucha entre protestantes y católicos. Él era un protestante que amaba al Señor y la Biblia. Se le pidió que fuera el pastor de la principal iglesia de Ámsterdam, donde iban el rey y la reina. Creo que ahí predicó la verdad.

Mientras estuvo en la universidad, cambió su nombre, que es la razón por la que tal vez nunca hayan escuchado de Jakob Hermanszoon. Era costumbre entre los alumnos cambiarse el nombre a nombres latinos. Jakob recordó el nombre de un alemán que, siglos atrás, había combatido a los invasores romanos y los había derrotado. Así que se llamó con el nombre en latín de ese alemán: Arminius (Arminio).

Jakob, ahora conocido como Arminio, tuvo una vida tan piadosa y santa que nadie se atrevió a criticarlo mientras estuvo vivo. Pero, apenas murió, algunos de los clérigos holandeses lo condenaron como hereje. Pocas personas han leído sus escritos. Yo lo he hecho, y me apasiona su exposición de la Biblia. Luego comenzó una batalla entre la Iglesia Reformada Holandesa oficial, que era calvinista, y los seguidores de Arminio, denominados arminianos. Esa tensión aún está entre nosotros y explica muchas cosas.

Después de su muerte, el resto de los clérigos convocó un sínodo en la ciudad de Dort, conocido como el Sínodo de Dort. Allí produjeron los cinco principios básicos de su versión del calvinismo, cada uno de los cuales apuntaba a negar la enseñanza de Arminio. Los cinco puntos del calvinismo que necesitan conocer se relacionan con las cinco letras de la palabra "tulip" ("tulipán", en inglés). Holanda es famosa por sus tulipanes, y exporta millones de bulbos a todo el mundo. Quiero que recuerden este tulipán. No es el tulipán más hermoso que han exportado, pero contiene cinco principios básicos que enseñaron para contrarrestar la enseñanza popular de este santo hombre a quien nunca se atrevieron a criticar en vida. Estos son los cinco puntos del "calvinismo". No deberían ser llamados así, porque Calvino solo enseñó tres de ellos. Pero Beza agregó los otros dos, y estos aún son sostenidos por muchos pastores hoy:

La **T** es por *depravación total* (**T**otal depravity). Significa que hemos caído tan bajo en el pecado que hemos perdido todo nuestro poder para hacer el bien, para responder al bien y aun para aceptar el evangelio. Nunca podríamos responder a Jesús por nosotros mismos. No podemos hacer absolutamente nada por nuestra salvación. Dios tiene que hacer todo.

La **U** es por *elección incondicional* (**U**nconditional election). Significa que Dios escoge personas para ser salvas, y no las escoge con ninguna consideración a las personas mismas. No las escoge porque van a ser creyentes. No las escoge porque van a ser nada. Él escoge salvar a las personas porque las escoge. No nos ha dicho por qué escoge a algunas y no a otras. No nos escoge por nada en nosotros, ni siquiera nuestra fe; nos escoge antes que creamos. De hecho, nos escoge y nos da el nuevo nacimiento aun antes que nos hayamos arrepentido y creído, porque estamos tan totalmente depravados que no podemos arrepentirnos hasta que volvamos a nacer. Dios nos guía al nuevo nacimiento antes que sepamos nada acerca de ello, luego nos arrepentimos y luego creemos. Usted podrá pensar que es una enseñanza extraordinaria, pero ésta es la enseñanza sobre la gracia que existe en muchas iglesias.

La gran pregunta que quiero hacer a un calvinista es ésta: ¿cómo explica que algunos son salvos y otros no? Su explicación es que Dios ha escogido a algunos y no a otros, lo cual significa lógicamente que él ha escogido a algunos para el cielo y ha escogido a otros para el infierno. Es su elección y no nos ha dicho por qué ha hecho esa elección. No tiene ninguna relación con nosotros. Significa que, desde nuestro punto de vista, es pura suerte; es puramente arbitrario. No está relacionado con nada en nosotros en absoluto. Dios simplemente ha escogido a una persona y no a otra. Es por eso que ésta es salva y no ésa.

La **L** es por *expiación limitada* (**L**imited atonement). Está basado en la lógica de que Dios nunca castigaría a nadie dos veces por el pecado. Por lo tanto, no puede enviar a nadie al infierno porque ya ha castigado a Jesús por el pecado de esa persona. O sea, Jesús no murió por todos sino solo para los escogidos. Arminio dijo que Jesús murió por todos. Él pagó el precio por los pecados de todo el mundo. Pero el calvinista dice: "No, no lo hizo". Si él envía a alguien al infierno después de eso, está castigando dos veces. Es lógico. El calvinismo es muy lógico, pero no es necesariamente verdadero.

La **I** es por *gracia irresistible* (**I**rresistible grace). A esto me refiero cuando digo que la gracia es vista como una fuerza irresistible: no puede ser resistida. Si la gracia decide que usted será salvo, entonces será salvo. Si la gracia se apodera de usted, usted será preservado. No depende de la decisión, voluntad o fe, de nada que usted haga. Usted estará en el cielo porque Dios lo decidió. La fuerza de él es mayor que nada en usted.

La **P** es por *perseverancia de los santos* (**P**erseverance of the saints). Si la gracia de Dios es irresistible, entonces puede preservarlo a usted contra su voluntad. Haga lo que haga, terminará en el cielo, porque Dios lo ha escogido y usted no puede hacer nada al respecto.

Éstas son las cinco cosas que surgieron del concepto de la gracia como una fuerza irresistible. Son los cincos puntos del calvinismo. Los encontrará en las iglesias presbiterianas. Los encontrará en lo que se llaman iglesias reformadas. Encontrará esas cinco cosas, enseñadas teóricamente por lo menos, en varias de las denominaciones del mundo que se denominan calvinistas. Estoy intentando ser lo más justo posible. "Oblígalos a entrar". Dios nos obligó a ser salvos, nos obliga a ser preservados, nos obliga a lo largo de todo el proceso y, por lo tanto, podemos usar la misma obligación con las personas para traerlas al reino, porque Dios quiere que lo hagamos. Él prefiere que las personas sean obligadas y no persuadidas a entrar. Yo creo que es una difamación de Dios.

Volvamos a Agustín por un momento. Tuvo a alguien que se opuso a él muy fuertemente, un hombre llamado Pelagio. Era un monje británico que fue a Roma y se alarmó por la corrupción en la Iglesia de Roma, donde había personas que se apoyaban en la fuerza de Dios para guardarlas. No eran personas santas. No hacía falta; ¡la fuerza de Dios las llevaría al cielo! Pelagio reaccionó contra esto, demasiado fuertemente. Fue al extremo opuesto e hizo un énfasis tan grande en la responsabilidad humana que no quedaba ningún lugar para que Dios hiciera nada. Su postura era que depende por completo de uno mismo si es salvo o no; uno puede salvarse uno mismo. Le gustaba citar a Pedro el día de Pentecostés, que dijo: "¡Sálvense de esta generación perversa!". Enseñó una salvación "de bricolaje" (hágalo usted mismo). Algo que uno hace, no Dios. Ésa fue la gran discusión. Creo que Agustín estaba reaccionando a ese extremo.

Agradezco a Dios que hubo algunas personas en el medio de todo eso. Los obispos franceses dijeron que ambas posturas estaban erradas. Sostenían que la salvación es el resultado de la cooperación humana y divina. Esto se llama hoy sinergismo, que significa "trabajar juntos". Los obispos franceses decían: "Es Dios quien salva, pero no contra nuestra voluntad. Debemos responder a la gracia; debemos recibir el don de la gracia. Cuando respondemos a la gracia en gratitud y recibimos el regalo de la salvación, somos salvos. La razón por la que las personas no son salvas no es porque Dios no las ha escogido, sino porque ellas no han escogido recibir el regalo".

Esa fue la explicación que dieron de por qué algunos son salvos y otros no. Yo estaría de acuerdo con los obispos franceses. No estaría de acuerdo con Pelagio, que dijo que todo es obra propia, y no estaría de acuerdo con Agustín, que dijo que todo era obra de Dios. Yo diría que, cuando una persona responde a la gracia arrepintiéndose, creyendo y recibiendo, entonces comienza a ser salva.

Podríamos mostrar esta diferencia con una simple ilustración. Imagine a alguien que es salvado de ser ahogado. El calvinista podría decir: el hombre está flotando en el agua, ya muerto. Se ha ahogado. Es completamente incapaz de hacer nada y necesita que alguien lo saque el agua y le dé el aliento de vida para salvarlo. Eso es el calvinismo en pocas palabras. El arminiano, como esos obispos franceses, podría decir: el hombre no puede nadar hasta la costa, se está ahogando y se perderá, pero Dios le arroja un salvavidas, tal vez atado a una soga, y dice: "Toma esto y te arrastraré hasta la costa, para que estés a salvo". Entonces será salvo. Esta última es la imagen de Arminio, y creo que es la imagen que obtenemos del Nuevo Testamento. Es así como los apóstoles predicaron: arrepiéntanse y crean, y Dios los arrastrará al cielo. Tomen el evangelio, aférrense a él. Es todo lo que tienen que hacer. Pero si se aferran a él serán arrastrados a la seguridad y, por lo tanto, a la salvación.

Es la diferencia entre decir "Dios lo hace todo" y decir "Dios lo hace todo para las personas que responden". Arminio enseñaba que la respuesta humana a la gracia de Dios es necesaria para la salvación, y ésa es la razón por la que algunos son salvos y otros no. Algunos se aferran y encuentran que son salvados. Otros no se aferran al evangelio; lo rechazan. En palabras sencillas, de acuerdo con el arminiano la gracia puede ser rechazada, pero según Calvino no puede ser rechazada. En otras palabras, aún más simplemente, uno puede decir sí o no a la gracia. Nadie está obligado a aceptar la gracia. Es un regalo inmerecido, pero un regalo debe ser recibido.

Un regalo debe ser usado y uno debe confiar en él. Requiere cooperación para volverse útil y efectivo. No creo que pueda explicar la cuestión más simplemente que esto. Tarde o temprano usted deberá decidir si la gracia significa que Dios hace todo y es el único responsable de que alguien sea salvo, o si se trata de que algunos han respondido, han recibido el regalo y ha pasado a ser de ellos, y están muy agradecidos.

Cuando estudio mi Biblia, veo que los apóstoles ofrecían gracia, pero exigían arrepentimiento y fe. Exigían una respuesta de las personas. No estaban pensando: "Dios salvará a los que quiere salvar y eso es todo". Tengo muchos queridos amigos que son calvinistas, y agradezco a Dios que algunos hayan mantenido su calvinismo en el estudio y no lo llevan al púlpito. Porque cuando escucho a algunos de ellos predicar, predican una gracia que necesita ser recibida. Si bien en teoría sostienen que solo los que han sido escogidos por Dios recibirán, por lo menos ofrecen el evangelio a otras personas. Es una gran cosa.

Vimos entonces a Agustín y Pelagio, cada uno yendo hacia un extremo. Posteriormente, el calvinismo y al arminianismo estuvieron en tensión. No creo que el arminianismo haya ido hacia un extremo en esa tensión posterior. Pero hemos heredado dos mil años de historia de la iglesia. Si no saben nada acerca de la historia de la iglesia se sentirán perplejos por las diferencias entre las iglesias, que es la razón por la que escribí un libro llamado *Where Has the Body Been for 2000 Years?* (¿Dónde ha estado el cuerpo durante 2000 años?), subtitulado "Historia de la iglesia para principiantes".

¿Qué ocurrió con las tradiciones eclesiásticas que tenían esos diferentes conceptos de la gracia? Es interesante comparar lo que vi cuando visité y enseñé, tanto en Indonesia como Singapur, en la misma región del mundo. Los holandeses colonizaron Indonesia, y llevaron con ellos la Iglesia Reformada Holandesa, que es muy calvinista. Por eso uno tiene tantas iglesias presbiterianas en Indonesia hoy. Pero Singapur fue colonizado por los británicos, así que ahí uno tiene, ante todo, la Iglesia Anglicana, con su catedral blanca en el medio de la ciudad. La catedral misma está modelada según la arquitectura gótica católico-romana, que viene de la Edad Media, porque la Iglesia de Inglaterra es un revoltijo. Pero, por otro lado, ¡los británicos típicamente tienen un revoltijo conceptual! La Iglesia de Inglaterra fue fundada sobre el hecho de que el rey Enrique VII no podía obtener un divorcio del papa. Así que rompió con el papa, se declaró el jefe de la Iglesia de Inglaterra y destruyó todos los monasterios católico-romanos de Inglaterra. La reina es ahora la jefa de la Iglesia de Inglaterra. La Iglesia de Inglaterra ha decidido aceptar una mezcla de lo católico y lo protestante. Escocia, sin embargo, siguió a Calvino y a los presbiterianos.

La Iglesia de Inglaterra tiene algunas iglesias parroquiales que son más ritualistas que la Iglesia Católica Romana. Otras iglesias anglicanas son más sencillas que la iglesia protestante más baja. Es una mezcla extraordinaria. Terminamos con anglicanos altos, anglicanos amplios y anglicanos bajos. O, en términos teológicos, anglicanos católicos, anglicanos liberales y anglicanos evangélicos. Si estudian los *39 Artículos de Religión* de la Iglesia de Inglaterra, la posición es levemente calvinista, pero solo levemente. Está de ese lado de las cosas, pero solo apenas. ¡Qué mezcla!

En el siglo XVIII, cuando la Iglesia de Inglaterra oficial estaba muriéndose espiritualmente, surgieron dos hermanos, John y Charles Wesley, que lideraron un avivamiento en Gran Bretaña de donde surgió la iglesia metodista. John Wesley tenía una revista que comenzó para los suyos titulado *The Arminian* (El arminiano). En Singapur, como en muchas ex colonias británicas, el arminianismo metodista y el leve calvinismo anglicano surgen ambos de la ocupación británica.

Espero que, si no está teológicamente interesados en todo esto, no se encuentre confundido, perplejo y sacudido en su fe. Mi oración es que el Espíritu Santo proteja la fe de usted de ser confundida o perturbada por lo que tengo que enseñar. Pero lo que ocurre es que heredamos dos mil años de historia de la iglesia. Sin darnos cuenta, hemos heredado tradiciones a través de diferentes iglesias. Hemos heredado diferentes conceptos de la gracia, y eso afecta todo el pensamiento de usted. Afecta su evangelización. Afecta muchas más cosas. En la práctica, la mayoría de los evangélicos son arminianos y predican buscando una respuesta, creyendo que si las personas responden al evangelio serán salvas. Por lo tanto, la mayor parte de la evangelización es hecha por personas con una fuerte convicción acerca de la primera idea de la gracia como un favor inmerecido, un regalo para las personas que lo merecen muy poco, pero un regalo que debe ser recibido y usado.

No solo necesitamos gracia al principio de la vida cristiana; la necesitamos todo el camino hasta el final. Por eso, cuando Pablo oraba tanto para que Dios lo sanara de una enfermedad física que consideraba que era un obstáculo para su misión, Dios dijo: "No, no te la sacaré. Mi gracia es suficiente para ti, y en tu debilidad yo puedo ser fuerte". La gracia lo hará llegar hasta el final mismo. Cuando hayamos estado allí diez mil años,[1] aún estaremos cantando de la gracia, de cuán inmerecida era nuestra salvación. Pero no fue porque no hicimos nada. Teóricamente, si alguien dice a un calvinista: "¿Qué debo hacer para ser salvo?", debería recibir como respuesta: "Absolutamente nada. Si Dios te ha escogido, él te salvará", que es la razón por la que muchos calvinistas sufren de falta de seguridad. "¿Me ha salvado? ¿Estoy seguro?". Eso es espantoso, si uno no sabe si Dios lo ha llamado, porque los que han respondido a su llamado sí saben que Dios los ha llamado.

---

[1] Cita de una frase del himno "Amazing Grace" (Sublime gracia).

3

¿PERDÓN INCONDICIONAL?

Sin embargo, el principal problema ahora no es que la gracia sea vista como una fuerza irresistible. El problema es la idea del *perdón incondicional*. Debo decir que esta tercera forma de entender la gracia, que puede encontrarse en Estados Unidos, se está difundiendo por todo el mundo. Lo encontré por toda Sudáfrica, cuando estuve allí dos años antes de mi visita a Singapur, y pregunté: "¿De dónde obtuvieron todo esto?". Dijeron: "De Singapur". Así que debo ser honesto y compartir con usted lo que creo que es una idea errónea de la hermosa gracia de Dios cuando se la interpreta con el significado de perdón incondicional.

Es bueno en el sentido que da gloria a Dios por su gracia gratuita. Pero es malo porque lleva esa gracia gratuita a una enseñanza extrema en dos aspectos específicos. Primero, al enseñar que, cuando uno se entrega a Cristo, todos sus pecados *futuros* son perdonados, además de sus pecados pasados. No encuentro el más mínimo rastro en mi Biblia de que Dios perdone pecados que aún no hemos cometido, ya sea antes o después de la conversión. No somos perfectos inmediatamente. Los cristianos ciertamente pecan. Pero sabemos qué hacer al respecto. En la primera carta de Juan tenemos instrucciones muy claras: "Si afirmamos que no tenemos pecado, nos engañamos a nosotros mismos y no tenemos la verdad. Si confesamos nuestros pecados, Dios, que es fiel y justo, nos los perdonará y nos limpiará de toda maldad". Ésa es una promesa para cristianos. Está escrito a creyentes. Nos dice que, si pecamos, tenemos un Abogado en el cielo que habla a favor de nosotros. Pero debemos hacer nuestra parte: debemos confesar. Cuando lo hacemos, él es fiel y justo para *seguir* perdonando (ése es el tiempo del verbo) y la sangre de Jesús *sigue* limpiando. Cuando los cristianos pecamos, llevamos el pecado ante el Señor para que sea tratado. Mantenemos cuentas cortas con Dios y tratamos con el pecado a medida que surge. Al confesarlo, logramos que él lo trate, y logramos su perdón.

Éste es un pasaje muy importante de la Biblia. Pero ¿qué hacen con este capítulo las personas que dicen: "Dios ha perdonado todos tus pecados futuros"? Me asombró encontrar que niegan que haya sido escrito a cristianos. Dicen que la primera carta de Juan fue escrito a paganos. Pero cuando leemos esa carta encontramos que todo lo que está en ella está dirigido claramente a cristianos. Darlo vuelta y convertirlo en algo solamente para paganos es casi risible, pero es tan serio que no es divertido. La nueva enseñanza del *perdón incondicional* niega lo que dice la Biblia.

Los que promueven el perdón incondicional enseñan que cuando uno se entrega a Cristo, todos sus pecados son perdonados. No solo todo lo que ha cometido en el pasado, sino todo lo que cometerá en el futuro, así que uno no tiene que tener una actitud malsana y pensar en sus pecados. Ésta es la clase de enseñanza que está apareciendo, y es una enseñanza trágica. Podrá hacer felices a muchas personas, pero no es la verdad. *Podemos seguir siendo perdonados mientras confesemos y pidamos*. Los cristianos ciertamente cometen errores, los cristianos caen, pero sabemos que es algo que puede ser tratado de inmediato y adecuadamente, y el pecado puede ser removido.

Jesús no vino solo para salvarnos del infierno, sino para

salvarnos de nuestros pecados. Vino para seguir tratando con nuestros pecados. Trató con todos nuestros pecados pasados. Fueron lavados en el bautismo, que trata con nuestro pasado. Pero lo que preocupaba a Juan el Bautista era que, mientras que el bautismo trataba con el pasado, no trataba con el futuro. Puedo recordar mi propio bautismo, que fue en un sucio estanque verde, pero me sentía limpio. Sabía que mi pasado había sido limpiado. Pero puedo recordar vívidamente el primer pecado que cometí después de eso. Cometí el necio error de pensar que lo había anulado todo.

El bautismo en agua no trata con el futuro de la persona. Eso requiere, en realidad, el bautismo del Espíritu Santo. No sirve de nada tener el pasado limpiado si no tiene ninguna ayuda para el futuro porque, al ser todavía pecadores, el hombre viejo podrá estar muerto pero no está acabado. Vivimos en esta tensión entre el hombre viejo y el hombre nuevo. Uno ciertamente peca, pero el pecado puede ser tratado. 1 Juan 1 dice muy claramente qué hacer con esto cuando ocurre. Uno no necesita ser bautizado nuevamente; el bautismo lavó su pasado, dejándolo limpio, y usted comenzó bien, con una vida nueva y limpia. Más tarde deberá tratar con cosas que siguen adheridas y cosas que surgen de las presiones de estar en un mundo pecaminoso. Pero pueden ser tratadas ahora; necesitan ser confesadas.

La otra cosa que es consecuencia de esto es restarle importancia al arrepentimiento. El perdón incondicional no depende en realidad del arrepentimiento. Según mi entendimiento de la Biblia, el pecado no arrepentido no puede ser perdonado; debemos arrepentirnos primero y luego ese pecado puede ser perdonado. Arrepentirse no es solo pedir perdón. Es hacer algo. Lo que yo entiendo es que tanto el arrepentimiento como la fe son cosas que *hacemos*. Pero el concepto erróneo de la gracia tiende a minimizar todo lo que tenemos que hacer. En consecuencia, el arrepentimiento no es mencionado con frecuencia por estos maestros. Sin embargo, fue absolutamente central en la predicación de Pablo.

Hay un versículo del Nuevo Testamento que nunca he escuchado a un predicador tratar plenamente. Es la parte del testimonio de Pablo que comienza diciendo: "No fui desobediente a esa visión celestial..." La mayoría se detiene aquí, y nunca escuché citar el resto. Dice inmediatamente: "... a todos les prediqué que se arrepintieran y se convirtieran a Dios, y que demostraran su arrepentimiento con sus buenas obras". ¿Por qué los predicadores nunca predican esto, que el arrepentimiento es algo que uno demuestra por sus obras? Es esto lo que Pablo acostumbraba predicar. Dijo a las personas de Atenas que hasta entonces Dios había mirado hacia otro lado con relación a sus pecados —los había pasado por alto—, pero ahora ordena a todos los hombres en todos lados que se arrepientan. Ésa era la predicación apostólica. Era básico. Arrepiéntanse. Arrepiéntanse. Arrepiéntanse.

Un joven vino a verme. Estaba en una motocicleta grande con manubrios y espejos que salían por todos lados. Lo escuché llegar una milla antes. Se detuvo a la entrada de nuestra casa y tocó el timbre. Cuando abrí la puerta, me dijo: "Quiero hablar".

Le dije: "Bueno, si quieres hablar, entra". Entró, con su ropa de cuero negro cubierta de tachas de bronce. Se sentó en nuestro sillón, que aún lleva las marcas de la visita de Paul.

Se puso cómodo y le pregunté:

—¿De qué quieres hablar, Paul?

—Quiero ser bautizado.

—¿Quieres ser bautizado? ¿Sabes cómo bautizamos a las personas?

—Sí, las meten en el agua.

—¿Así que quieres que te metamos en el agua?

—Sí.

—Paul, ¿sabes lo que significa la palabra "arrepentirse"?
—No, nunca la escuché.
—Escucha cuidadosamente, Paul. Quiero que vayas a tu casa y quiero que le hagas esta pregunta a Jesús: "Señor Jesús, ¿hay algo en mi vida que no te gusta?". Cuando él te diga algo, quiero que lo elimines de tu vida y vuelvas para contarme.

No volvió durante tres semanas. Luego volví a escuchar la motocicleta, y ahí estaba Paul, en la entrada. Así que abrí la puerta y me dijo:
—Ya está.
—¿A qué te refieres?
—He dejado de morderme las uñas.
—Está bien, Paul. Te bautizaré ahora.

Nunca miró atrás. Se convirtió en un gran cristiano. Cuando usted fue bautizado, ¿le preguntaron eso? Yo bautizo a personas ante la evidencia de arrepentimiento, no ante una profesión de fe. Eso es más bíblico: "Arrepiéntanse y bautícense..."

Tal vez se rían de ese joven, pero cuando Jesús le dijo que dejara de morderse las uñas, se arrepintió y dejó de hacerlo. Eso fue suficiente para mí. Aprendió desde ese momento que, cuando uno es consciente del pecado, deja de hacerlo y lo enfrenta: se arrepiente.

Pienso que en la raíz de estos dos conceptos erróneos está el temor a la palabra "obras". Somos salvados por fe, no por obras. Pero hay una frase en el Nuevo Testamento que dice: "Como pueden ver, a una persona se le declara justa por las obras, y no sólo por la fe". Ésa es la Palabra de Dios. Note: "no sólo por la fe". Ése es el único lugar en la Biblia donde encontrará las palabras "sólo por la fe", pero con la palabra "no" delante.

Muchas personas creen que es solo por la fe. No lo es. La cita es de Santiago 2. Pero a las personas que tienen este tercer entendimiento —erróneo— de la gracia no les gusta la carta de Santiago para nada, porque la palabra clave en Santiago es "hacer". Creen que todo lo que hagamos es lo que la Biblia denomina "obras". No es cierto. Pablo estaba en lo correcto cuando dijo: "No somos salvados por las obras de la ley". Él tenía razón en decir que no somos salvados por buenas obras, por buenas acciones, por intentar ser buenos. Pero la fe tiene obras incluidas: *las obras de la fe*. Santiago señala también que Abraham fue justificado por la fe cuando ofreció a Isaac al Señor. Rajab, la prostituta de Jericó, fue justificada por la fe cuando recibió a los espías israelitas en su casa y los escondió en un burdel, y luego los envió sanos y salvos de vuelta al ejército israelita. Los espías de Israel le dijeron: "Cuando tomemos Jericó, cuelga una cuerda escarlata de tu ventana y diremos a las tropas que tú estarás a salvo". Su casa estaba arriba del muro de Jericó. Fue así que pudo colgar una cuerda escarlata de la ventana, para que pudiera ser vista. No se cayó todo el muro de Jericó. Una parte se mantuvo erecta; era la casa de la prostituta Rajab.

En ambos casos, un hombre bueno llamado Abraham y una mujer mala llamada Rajab, fueron justificados por una fe que actuó, una fe que *hizo* algo. En tanto, los que adoptan una visión errónea de la gracia tienden a decir: "La fe es lo que uno dice, no lo que hace. Dilo y reclámalo. Lo que dices, recibes", o el término que usen. Ésa es la enseñanza que acompaña este concepto erróneo de la gracia.

CONCLUSIÓN

Creo que probablemente he enseñado lo suficiente sobre la gracia como para mostrarle cuál es la idea verdadera, y cuáles son los dos principales conceptos erróneos hoy. Están muy generalizados. Se están difundiendo por Internet por todo el mundo. Donde sea que predique me encuentro con ellos. Así que por favor tenga discernimiento y reconozca estos errores que están distorsionando la verdad de Dios.

Se nos dice en la Biblia que hacia el fin de esta era el mayor peligro para los cristianos será el engaño. No somos engañados solo por las mentiras; somos engañados cuando la verdad se mezcla con el error. Si el diablo dijera mentiras evidentes simplemente le diríamos que no. Pero es tan astuto que engaña a las personas mezclando la verdad con el engaño. El error en cuanto a la gracia que he descripto a menudo está mezclado con el evangelio verdadero y con muchas cosas verdaderas que se predican con él. La mezcla es lo que engaña.

Esto ha sido cierto desde el huerto del Edén. Lo que Satanás dijo a Eva era mitad verdadero, y ella lo aceptó. Le dijo: "Si tomas este fruto sus ojos serán abiertos" (eso era cierto) y "serán como dioses" (que no era cierto). Fue la mezcla que engañó a Eva y a Adán, que estaba parado a su lado, al mismo tiempo. Desde entonces, el diablo, que es mucho más astuto que nosotros, ha persuadido a las personas a mezclar las verdades del evangelio con algunas cosas que no son ciertas.

La mayor parte del tiempo parece como si uno estuviera

escuchando la verdad, pero si escucha con cuidado se están introduciendo algunas cosas que no tienen ninguna base bíblica. Aquí es donde está el peligro. Al acercarnos al final del tiempo el diablo se vuelve más desesperado. Por eso, cinco veces en un solo capítulo, cuando Jesús nos dijo qué señales indicarían el fin, qué debíamos esperar, luego de cada señal dijo: "No se dejen engañar".

Pablo hace lo mismo. Cuando escribe a Timoteo, dice: "Esto es lo que ocurrirá en los últimos días. Los hombres serán amantes del placer. Las personas van a querer predicadores que les hagan cosquillas en los oídos y les dirán lo que quieren escuchar. Velen y oren para que no sean engañados". Cuando leemos la Biblia temo que tenemos que enfrentar el hecho de que no es todo sencillo y directo. El engaño ocurrirá dentro de la iglesia y, trágicamente, afectará la vida cristiana de muchas personas. Vaya a iglesias que predican la verdad, toda la verdad, y nada más que la verdad. Guarde su corazón de la sutil mezcla que engaña y destruye.

ACERCA DE DAVID PAWSON

David es un orador y autor con una fidelidad intransigente a las Sagradas Escrituras, que trae claridad y un mensaje de urgencia a los cristianos para que descubran los tesoros ocultos en la Palabra de Dios.

Nació en Inglaterra en 1930, y comenzó su carrera con un título en Agricultura de la Universidad de Durham. Cuando Dios intervino y los llamó al ministerio, completó una maestría en Teología en la Universidad de Cambridge y sirvió como capellán en la Real Fuerza Aérea durante tres años. Pasó a pastorear varias iglesias, incluyendo Millmead Centre, en Guildford, que se convirtió en modelo para muchos líderes de iglesia del Reino Unido. En 1979 el Señor lo llevó a un ministerio internacional. Su actual ministerio itinerante está dirigido principalmente a líderes de iglesia. David y su esposa Enid viven actualmente en el condado de Hampshire, Inglaterra.

A lo largo de los años ha escrito una gran cantidad de libros, folletos y notas de lectura diarias. Sus extensas y muy accesibles reseñas de los libros de la Biblia han sido publicadas y grabadas en "*Unlocking the Bible*" (*Abramos la Biblia*). Se han distribuido millones de copias de sus enseñanzas en más de 120 países, proveyendo un sólido fundamento bíblico.

Es considerado como "el predicador occidental más influyente de China" a través de la transmisión de su exitosa serie "*Unlocking the Bible*" a cada provincia de China por Good TV. En el Reino Unido, las enseñanzas de David se transmiten habitualmente por Revelation TV.

Incontables creyentes de todo el mundo se han beneficiado también de su generosa decisión en 2011 de poner a disposición sin cargo su extensa biblioteca audiovisual de enseñanza en www.davidpawson.org. Hemos cargado también hace poco todos los videos de David a un canal dedicado en **www.youtube.com**

VEA EN YOUTUBE
www.youtube.com/user/DavidPawsonMinistry

LA SERIE EXPLICANDO
VERDADES BIBLICAS EXPLICADAS SENCILLAMENTE

Si usted ha sido bendecido al leer, ver o escuchar este libro, hay más disponibles en la serie. Por favor regístrese y descargue más libritos visitando **www.explicandoverdadesbiblicas.com**

Otros libritos en la serie *Explicando* incluirán:
La historia asombrosa de Jesús
La unción y la llenura del Espíritu Santo
La resurrección: *El corazón del cristianismo*
El estudio de la Biblia
El bautismo del Nuevo Testamento
Cómo estudiar un libro de la Biblia: Judas
Los pasos fundamentales para llegar a ser un cristiano
Lo que la Biblia dice sobre el dinero
Lo que la Biblia dice sobre el trabajo
Gracia: *¿Favor inmerecido, fuerza irresistible o perdón incondicional?*
¿Eternamente seguros?
Tres textos que suelen tomarse fuera de contexto: *Explicando la verdad y exponiendo el error*
La Trinidad
La verdad sobre la Navidad

Tambien nos encontramos en proceso de preparar y subir estos libritos que puedan ser comprados como copia impresa de:

www.amazon.co.uk o **www.thebookdepository.com**

ABRAMOS LA BIBLIA

Una reseña única del Antiguo y el Nuevo Testamento del internacionalmente aclamado orador y autor evangélico David Pawson. *Abramos la Biblia* abre la palabra de Dios de una forma fresca y poderosa. Pasando por alto los pequeños detalles de los estudios versículo por versículo, expone la historia épica de Dios y su pueblo en Israel. La cultura, el trasfondo histórico y las personas son presentados y aplicados al mundo moderno. Ocho volúmenes han sido reunidos en una guía compacta y fácil de usar que cubren el Antiguo y el Nuevo Testamento en una única edición gigante. El Antiguo Testamento: *Las instrucciones del fabricante* (Los cinco libros de la Ley), *Una tierra y un reino* (Josué, Jueces, Rut, 1-2 Samuel, 1-2 Reyes), *Poesías de adoración y sabiduría* (Salmos, Cantares, Proverbios, Eclesiastés), *Declinación y caída de un imperio* (Isaías, Jeremías y otros profetas), *La lucha por sobrevivir* (1-2 Crónicas y los profetas del exilio) – El Nuevo Testamento: *La bisagra de la historia* (Mateo, Marcos, Lucas, Juan y Hechos), *El decimotercer apóstol* (Pablo y sus cartas), *A la gloria por el sufrimiento* (Apocalipsis, Hebreos, las cartas de Santiago, Pedro y Judas).

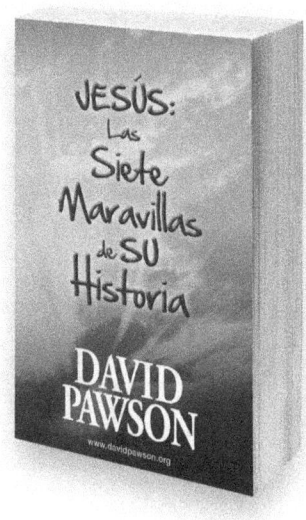

JESÚS LAS SIETE MARAVILLAS DE SU HISTORIA

Este libro es el resultado de toda una vida de contar "la más grande historia jamás contada" por todo el mundo. David la volvió a narrar a varios cientos de jóvenes en Kansas City, EE.UU., que escucharon con un entusiasmo desinhibido, "twiteando" por Internet acerca de este "simpático caballero inglés" mientras hablaba.

Tomando la parte central del Credo de los Apóstoles como marco, David explica los hechos fundamentales acerca de Jesús en los que está basada la fe cristiana de una forma fresca y estimulante. Tanto los cristianos viejos como nuevos de beneficiarán de este llamado a "volver a los fundamentos", y encontrarán que se vuelven a enamorar de su Señor.

OTRAS ENSEÑANZAS
POR DAVID PAWSON

Para el listado más actualizado de los libros de David ir a: **www.davidpawsonbooks.com**

Para comprar las enseñanzas de David ir a: **www.davidpawson.com**

www.ingramcontent.com/pod-product-compliance
Lightning Source LLC
Chambersburg PA
CBHW071040080526
44587CB00015B/2708